AF322220

L'EMPRUNT

DEVANT

LE CORPS LÉGISLATIF

PAR

G. BONNEFONT.

PARIS

E. DENTU, ÉDITEUR, 17 ET 19, PALAIS-ROYAL

(Galerie d'Orléans)

1868.

L'EMPRUNT

LE CORPS LÉGISLATIF.

Dans une brochure publiée récemment sous ce titre : *le Crédit public et l'emprunt de* 1868, nous nous sommes appliqués à faire ressortir les avantages d'un emprunt contracté en 4 1/2 0/0 au pair, sur un emprunt contracté en 3 0/0 au-dessous du pair, avec une augmentation de capital de près de 50 0/0 sur la somme empruntée. Nous avons montré l'augmentation considérable et sans compensation suffisante qui résulterait, pour le capital nominal de la dette inscrite, de l'émission de nouvelles rentes 3 0/0. Nous avons rappelé que sous la Restauration, sous le Gouvernement de juillet et même au commencement de l'Empire, nos hommes d'Etat les plus distingués, nos financiers les plus habiles, tels que MM. de Villèle, Roy, Humann, Casimir Périer, etc., s'étaient toujours montrés très-économes du capital nominal de la dette, et n'avaient jamais consenti à l'augmenter, sans que cette augmentation fût largement compensée par une importante réduction sur le chiffre des rentes à servir. Opposant à la politique financière, suivie jusqu'en 1852, celle adoptée depuis, nous avons fait voir que la conversion de 1862, en procurant au Trésor une ressource équivalente à un peu plus de 7 millions de rentes, avait augmenté de 1,800 millions le capital de la dette, et nous aurions pu ajouter que, par suite des mesures adoptées depuis quatorze ans, ce capital nominal s'est accru de 5,416,017,800 francs, tandis qu'en réalité le Trésor n'avait reçu de ses créanciers que 2,923,769,249 fr. 23 c.

Au point de vue du crédit public, nous avons montré qu'une émission de rentes 3 0/0 amènerait une nouvelle dépréciation de cette valeur, tandis qu'au contraire un autre système d'emprunt, quel qu'il fût, en 4 1/2 0/0, en 4 0/0, ou même en obligations à terme, en accusant la volonté bien arrêtée de ne pas rouvrir le Grand-Livre du 3 0/0, serait certainement le signal d'une hausse prononcée et d'une notable amélioration du crédit. Enfin, examinant la question sous le rapport des engagements pris à l'égard des rentiers, nous avons rappelé qu'en 1866 tous les grands pouvoirs de l'Etat se sont accordés pour reconnaître la nécessité impérieuse de fermer enfin le Grand-Livre de la dette publique et de réduire cette dette ; que de cet accord est résultée la loi du 11 juillet 1866, qui institua la nouvelle caisse d'amortissement ; que l'article 8 de cette loi interdit toute annulation, avant le 1ᵉʳ janvier 1877, des rentes 3 0/0 rachetées, et que de cette interdiction résulte implicitement l'obligation de ne pas émettre de nouvelles rentes 3 0/0 avant cette époque.

En demandant ainsi que l'emprunt ait lieu en rentes 4 1/2 0/0, nous ne nous sommes pas dissimulé un seul instant que cette proposition froisserait des intérêts de spéculation avec lesquels on est toujours malheureusement obligé de compter : nous n'ignorions pas aussi que ce mode d'emprunt rencontrerait des difficultés politiques très-sérieuses. Adopter nos conclusions, c'est en effet entrer dans une voie nouvelle, c'est abandonner les errements suivis depuis plusieurs années dans la direction de nos finances. Or, en France, se déjuger est toujours une chose grave pour un Gouvernement ; car, avec cet esprit de dénigrement que nous apportons généralement dans l'appréciation des actes du pouvoir, nous voyons un acte de faiblesse là où, au contraire, il n'y a qu'une volonté énergique de bien faire et surtout de faire mieux. Mais, fort de son principe, confiant dans l'appui du pays, le Gouvernement impérial a déjà eu de ces audaces, et c'est ce qui nous a encouragé à faire, il y a un mois, et à défendre aujourd'hui avec cette persistance des propositions qui sont chez nous le résultat d'une conviction profonde et qui, sous un Gouvernement moins sûr de lui-même, n'auraient eu aucune chance de triompher de la routine et du fait accompli.

La loi sur l'Emprunt vient d'être présentée au Corps législatif. Elle porte que l'Emprunt sera fait en rente 3 0/0.

Ainsi que nous venons de le rappeler, nous avons exprimé nettement notre opinion, quant au fond, sur ce mode d'emprunt, et nous devons dire que l'exposé des motifs, sur lequel nous aurons à revenir tout à l'heure, n'a nullement modifié cette opinion.

En ce qui concerne la forme, il importe de faire remarquer que dans toutes les lois d'emprunt, sans exception, votées jusqu'en 1863, le législateur s'est abstenu de spécifier la nature des rentes à inscrire au Grand-Livre. On disait simplement : « Le Ministre des finances est autorisé à émettre la somme de « rentes nécessaire pour produire, au taux de la négociation, « un capital de..... » Un paragraphe subséquent expliquait que le temps, le mode, le taux et toutes les conditions en général de l'émission étaient abandonnées au choix absolu du Ministre, qui en déciderait librement sous sa responsabilité.

En 1863 seulement, l'année d'après la conversion opérée

par **M.** Fould, et en vertu du principe récemment posé de l'unification de la dette publique, ce ministre proposa un emprunt de 315 millions, en spécifiant qu'il aurait lieu en rentes 3 0/0.

L'opération de la conversion venait à peine d'être achevée ; il était encore impossible d'en apprécier les résultats pour le crédit public et pour les rentiers eux-mêmes. La loi du 30 décembre 1863 décida que l'emprunt de 315 millions se ferait en rentes 3 0/0.

Sommes-nous en 1868 dans la même situation ? Non certes. On sait aujourd'hui quel a été le résultat de la conversion ; et **M.** le Ministre des finances, en proposant de contracter l'emprunt en rentes 3 0/0, contrairement à tous les précédents antérieurs à 1863, appelle par cela même la discussion sur cette question. Nous comprenons parfaitement que **M.** Magne, bien qu'il ne soit pas plus tenu d'accepter la responsabilité des actes de **M.** Fould, que celui-ci ne s'était cru obligé de respecter les actes de l'administration antérieure, n'ait pas pensé, après tout l'éclat donné à l'opération de 1862, devoir revenir sur les prétendus principes posés à cette époque, et loin de critiquer son projet de loi, nous lui savons gré au contraire d'avoir, en y insérant cette clause que l'emprunt aurait lieu en rentes 3 0/0, mis le Corps législatif en demeure de se prononcer. Mais nous croyons que, devant la législature actuelle, qui n'a pas voté la loi de 1862, qui, par conséquent, n'est pas liée par ses antécédents, la question reste entière ; et au moment où cette discussion va s'ouvrir, il nous a paru bon, il nous a semblé utile de soumettre à l'opinion publique de nouvelles observations et de discuter en même temps les différentes objections qu'a soulevées la brochure : *le Crédit public et l'Emprunt de* 1868.

D'après l'exposé des motifs du projet de loi relatif à l'emprunt, « le gouvernement se trouve, sous le rapport des rentes à émettre, en présence d'une question résolue par la loi et par le fait. »

La loi du 12 février 1862 n'a rien dit de semblable à ce qu'on veut lui faire dire : elle s'est bornée à offrir aux rentiers du 4 1/2 0/0, une combinaison qui leur permettait, moyennant une soulte, de se garantir contre l'éventualité d'une réduction d'intérêt, ou du remboursement de leur rente au pair. La loi laissait aux rentiers toute liberté pour accepter cette combinaison ou la refuser ; elle ne préjugeait donc rien pour l'avenir et ne saurait être invoquée aujourd'hui.

En fait, la question ne nous paraît pas résolue davantage. En effet, qu'a-t-on voulu en 1862 ? Créer des ressources pour réduire la dette flottante, et supprimer le 4 1/2 0/0, afin de donner plus d'élasticité au 3 0/0. Ce double but a-t-il été atteint ? Nullement. En effet, M. Fould qui, dans l'exposé de la situation de l'Empire de 1862, faisait remarquer avec beaucoup de raison que l'État ne pouvait, sans compensation suffisante, *devenir débiteur d'un capital plus considérable et sacrifier à l'avance le bénéfice éventuel que pourrait lui procurer la conversion obligatoire*, estimait à 300 millions la soulte à payer par les rentiers, pour le 4 1/2 seul, s'ils avaient effectué leur conversion à la Bourse ; et en supposant une large concession faite par l'État aux rentiers pour les engager à échanger leurs titres, il pouvait espérer obtenir, par cette opération, une ressource de plus de 200 millions en atténuation des découverts du Trésor.

Or, même à ces conditions, ceux qui se montraient le plus partisans de la conversion, trouvaient (1) « que le projet con-

---

(1) Voir la *Revue des Deux-Mondes*, du 1er février 1862, p. 758.

cédait trop aux rentiers et faisait trop bon marché des ressources futures de la France » ; ils demandaient « s'il n'était pas permis à un grand et riche pays comme le nôtre de s'élever au-dessus des embarras momentanés et de compter sur l'avenir ; s'il n'avait pas le droit d'espérer qu'il lui serait possible, dans un temps donné, de réduire, comme l'Angleterre, de 4 1/2 à 3 0/0 la charge d'une portion si considérable de sa dette » ; et enfin ils déploraient « cette triste et périodique mésaventure qui l'obligeait à vendre si souvent, sous la pression de difficultés accidentelles, son droit d'aînesse pour un plat de lentilles ».

Eh bien ! cette conversion s'est effectuée dans des conditions encore plus mauvaises que celles que critiquaient déjà ses partisans ; elle a produit 157 millions dans lesquels, ainsi que nous l'avons déjà fait remarquer, les soultes payées par les administrations publiques, les communes et les hospices figurent pour une somme considérable.

Donc, sous ce premier rapport, la conversion de 1862 n'a pas tenu ce qu'on en attendait.

On espérait aussi, avons-nous dit, qu'elle contribuerait à relever le crédit de l'État, mais sur ce point la déception a été plus complète encore. En effet, près de 40 millions de rentes ont échappé à la conversion, de telle sorte que l'unification de la dette, à laquelle on aspirait, n'a pu s'effectuer. Toutefois la rente 4 1/2 0/0, réduite à 39 millions, ne pouvait plus faire une concurrence sérieuse aux 300 millions de rente 3 0/0. Néanmoins le cours de celle-ci, loin de se relever comme on l'avait fait espérer aux rentiers, a fléchi au contraire sous la masse de titres qui écrasait le marché.

C'est qu'en effet on avait demandé à la conversion ce qu'elle ne pouvait donner. La rente 4 1/2 0/0 n'était pour rien dans le peu d'élasticité du 3 0/0. Est-ce que la concurrence du 4 1/2 0/0 était plus dangereuse pour ce fonds qu'autrefois celle du 5 0/0? Pourtant, sous le règne de Louis-Philippe, malgré la menace perpétuelle d'une conversion constamment demandée par la chambre des députés, et qui se présentait pour le gouvernement dans des conditions si avantageuses, on avait vu le 3 0/0 s'élever sans obstacle jusqu'à 84 francs.

En 1852, ce fonds a atteint des cours encore plus élevés, immédiatement après la conversion du 5 en 4 1/2 réalisée par M. Bineau. Aujourd'hui, en Belgique, nous voyons le 3 0/0 se soutenir à 85 francs en présence du 4 1/2 au pair. Le cours du 3 0/0, comme celui de toute marchandise, n'est influencé que par la quantité offerte sur le marché. Les emprunts successifs et la conversion de 1862, en augmentant démesurément cette quantité, ont produit, comme conséquence inévitable, la dépréciation actuelle.

Déçus déjà par la conversion, les rentiers ont vu leur position encore aggravée par l'emprunt de 1863, qui a jeté sur le marché plus de 14 millions de nouvelles rentes 3 0/0. Aujourd'hui l'on propose, dans le nouveau budget, d'ajouter encore à la masse qui écrase le marché, environ 23 millions de rentes, et l'on n'est pas au bout. On pose en principe que les emprunts de l'Etat ne doivent plus se faire désormais qu'en rentes 3 0/0. Or, si le 3 0/0, du cours de 76 que nous avons vu en 1858, est tombé, en 1868, au-dessous de 69 francs, ce qui prouve que les émissions ont dépassé de beaucoup ce que peut comporter le tempérament financier du pays, jusqu'où la dépréciation n'ira-t-elle pas d'ici à 1878, sous le poids des nouvelles émissions qu'on nous fait prévoir?

Mais, a-t-on dit, le public a toujours montré pour le 3 0/0 une préférence marquée et, en proposant son emprunt en 3 0/0, M. Magne n'a fait que se conformer au vœu universel.

En effet, dans les différents emprunts de 1854, 1855 et 1859 qui ont donné lieu à la création de 97 millions et demi de rentes dans le court espace de six années, il fut émis 17,566,230 francs de rentes 4 1/2 0/0, concurremment avec près de 80 millions de rentes 3 0/0. Ces chiffres font effectivement ressortir la préférence donnée par le public aux rentes 3 0/0, et même on peut dire que cette préférence paraît être allée en augmentant d'emprunt en emprunt jusqu'au dernier, celui de 1859, où, contre 25 millions de rentes 3 0/0 ; il n'a été souscrit ou plutôt il n'a été émis que 573,710 francs de rente 4 1/2 0/0.

Mais cette préférence n'est pas le résultat d'un culte purement platonique pour la rente 3 0/0, elle provient de ce qu'aux prix respectifs d'émission des trois premiers emprunts, 92.25 pour le 4 1/2 0/0, 65.25 pour le 3 0/0, ce dernier mode de placement a paru le plus avantageux aux prêteurs, ce qui ne prouve nullement qu'il fût le plus avantageux à l'État emprunteur, bien au contraire. En 1859, ces prix furent abaissés à 90 francs pour le 4 1/2 0/0, à 60 fr. 50 pour le 3 0/0 ; c'était sur les prix antérieurs une bonification de 7,265 0/0 sur ce dernier fonds, tandis qu'elle n'était que de 2,432 0/0 sur le fonds concurrent. Dans de pareilles conditions, où 4 fr. 50 de rente 3 0/0 ne coûtaient que 0 fr. 75 de plus que la même somme en rente 4 1/2 0/0, il n'est pas surprenant que le 3 0/0 ait été presque exclusivement demandé. On avait, en souscrivant du 4 1/2 0/0, 5 0/0 d'intérêt, et 11 0/0 seulement de capital nominal en plus ; en préférant le 3 0/0, on avait également 5 0/0 de revenu, sauf une fraction infinitésimale, et l'on obtenait gratuitement en sus 66 0/0 de capital. Il n'y avait certes pas à hésiter, et s'il y a lieu de s'étonner de quelque chose, c'est qu'il se soit trouvé encore des souscripteurs pour préférer le 4 1/2 0/0.

Au surplus, les événements n'ont pas tardé à montrer qu'aux conditions offertes dans ces emprunts, les émissions en

4 1/2 0/0 avaient été les moins coûteuses pour l'État. Soit, en effet, un souscripteur de 1859 qui a versé au Trésor 90,000 francs pour avoir 4,500 francs de rentes 4 1/2 ; soit un autre souscripteur qui a donné 90,750 francs pour avoir la même somme de rentes 3 0/0. Il est incontestable que le premier a économisé la différence, soit 750 francs. Mais, arrive la conversion de 1862, et dès lors, tandis que le souscripteur du 3 0/0 conserve, sans bourse délier, son revenu à tout jamais garanti, le souscripteur du 4 1/2 0/0 doit, pour s'assurer la jouissance irréductible du sien, verser à l'Etat une soulte de 5,400 francs, qui, défalcation faite des 112 fr. 50 d'intérêt qu'ont pu produire pendant ces trois années les 750 francs qu'il a versés en moins, lors de sa souscription, porte à 95,287 fr. 50 le montant des sommes payées par lui à l'État, pour prix d'une inscription de rente, que le souscripteur du 3 0/0 a eu pour une somme inférieure de 4,537 fr. 50.

En dehors de ces objections, la brochure *Le Crédit public et l'Emprunt de* 1868, a déjà soulevé dans la presse et ailleurs, des controverses qu'il n'est pas sans intérêt d'analyser ici. Parmi nos contradicteurs, les uns donnent une entière adhésion aux doctrines exposées dans la brochure ; mais s'éloignent de nous, quant aux conclusions pour demander plus et mieux ; les autres, au contraire, n'admettent pas d'autre mode d'emprunt que le 3 0/0.

Les premiers, parmi lesquels nous pourrions citer un écrivain des plus compétents et des plus autorisés dans les questions financières, n'hésitent pas à déclarer comme nous, que (1) « l'emprunt en 3 0/0 est le plus désastreux pour le contri- « buable, puisqu'il le met en face ou d'une charge à perpé- « tuité, ou d'un remboursement à un taux bien supérieur à

---

(1) Voir *La Presse* des 2 et 5 mars dernier.

« celui auquel le prêt a été fait. » Pour eux, le modèle à imiter c'est l'Angleterre qui, redoutant par dessus tout de grever l'avenir, a préféré faire face aux dépenses de la guerre de Crimée en se chargeant, dans le présent, d'impôts accrus et d'annuités remboursables en 12 années et qui suit le même système pour la guerre d'Abyssinie.

Dans leur opinion, l'emprunt en 4 1/2 0/0 est très-préférable à l'emprunt en 3 0/0: mais le système des obligations trentenaires vaut infiniment mieux que l'emprunt en 4 1/2. Sur ce dernier point, comme sur tous les autres, nous sommes complètement de leur avis. Nous pensons effectivement que, s'il est permis d'emprunter en rentes perpétuelles pour des travaux utiles qui doivent augmenter la fortune du pays et ses ressources, on doit au contraire rembourser à bref délai les dépenses que nous appellerons de consommation, et parmi lesquelles nous plaçons en première ligne les frais de guerre qui malheureusement sont toujours à recommencer au bout d'une période donnée, et les dépenses d'armement qui, avec les progrès journaliers que fait aujourd'hui l'art de la destruction, devront nécessairement se reproduire dans un délai peu éloigné. Nous avons aussi rendu complétement justice à la création des obligations à terme, dont l'honneur revient à M. Magne, et qu'il serait digne de lui de renouveler en ce moment ; et, si nous n'avons pas cru devoir demander qu'on y revienne, c'est que visant à un résultat pratique, nous avons voulu tenir compte des possibilités parlementaires et des exigences du budget.

Malheureusement, en France, lorsque l'État doit recourir au crédit, le public se préoccupe fort peu des conséquences que cet emprunt aura pour l'avenir ; pour lui ce n'est qu'une occasion de réaliser un bénéfice immédiat sur le prix d'émission, et cette manière de voir a été admirablement traduite par ces mots d'un souscripteur de 1859 : « Ce n'est pas cet avare de

« Louis-Philippe qui nous aurait donné du **3 0/0 à 60,50.** »
Au contraire, nous avons en horreur les augmentations d'impôts
même temporaires, témoins les **45** centimes de la République,
et, en présence de cette disposition générale des esprits, peut-
on demander que le Gouvernement, afin de respecter les saines
doctrines financières, ait l'héroïsme de compromettre sa popu-
larité, en demandant à l'impôt des ressources qu'il peut se procurer si facilement par la voie des emprunts? Pourtant là est
le but vers lequel doivent tendre tous nos efforts, parce que là
est la barrière véritable qui seule peut s'opposer à toute dépense
inutile, à toute entreprise qui ne serait pas suffisamment justi-
fiée.

Passons maintenant aux objections que la brochure a soulevées parmi ses adversaires les plus radicaux. Ces différentes
objections ont été résumées dans un travail d'une valeur réelle
publié dans le *Journal financier* du 1ᵉʳ mars 1868 ; il serait
difficile de dire plus et mieux en faveur de la doctrine de nos
adversaires que ne l'a fait l'auteur de cet article ; nous espérons, en le suivant pas à pas, répondre à tous les arguments
invoqués contre nous, et démontrer, en même temps, qu'ils sont
plus spécieux que concluants.

Qu'est-ce que le capital de la dette, selon nos contradicteurs?

« *Un chiffre fictif* que personne ne considère comme l'expres-
« sion des engagements réels de l'État. Le seul chiffre réel sé-
« rieux, dont il y ait lieu de se préoccuper, avec lequel il
« faille compter continuellement, c'est celui de la rente à payer,
« qui se représente à chaque échéance trimestrielle ou semes-
« trielle.
« Voilà le chiffre à la réduction duquel doivent s'exercer les
« combinaisons des économistes et les calculs des hommes
« d'État.

« Diminuer le chiffre des rentes que l'État aura à payer
« chaque année, voilà, » disent-ils encore, « un résultat bien
« plus intéressant que de réduire une *somme imaginaire*
« dont l'échéance n'existe pas, ou ne pourrait exister que dans
« des conditions qui la rendraient facile. Il faut, tous les ans,
« en alignant le budget, trouver le payement de la rente : il
« n'est jamais nécessaire de mettre en ligne de compte son
« remboursement. »

Si on est fondé à considérer le capital de la dette comme
un *chiffre fictif*, une *somme imaginaire*, il faut avouer que les
rentiers convertis en 1862 ont eu bien grand tort de payer
157 millions pour n'obtenir en échange qu'une augmentation
de leur capital nominal.

Pour vérifier si, comme on le prétend, l'État ne doit jamais
considérer dans ses emprunts que le chiffre de la rente qu'il
s'engage à payer, nous allons poser cette simple question,
prise, non dans la théorie, mais dans les faits contemporains.

En 1848, la République se trouva en présence d'un emprunt
en cours, contracté par le gouvernement de Louis-Philippe
en 3 0/0 à 75.25. Les contractants avaient encore environ
200 millions à payer : la République avait absolument besoin
de cette somme, mais le 3 0/0 était tombé à 48 francs, et c'était
la ruine pour ceux qui avaient traité avec l'État que d'exécu-
ter le contrat primitif. On entra en arrangement ; deux combinaisons se présentaient ; on pouvait réduire à 48 francs le
prix des rentes restant à livrer, ou changer ces rentes de 3
en 5 0/0. Par le premier moyen, pour les 200 millions à re-
cevoir, on avait à livrer 12,500,000 francs de rente 3 0/0, au
capital de 416,666,666. En donnant du 5 0/0, il en coûtait
13,289,000 francs de rentes, mais le capital n'était que de
265,578,000 francs.

Dans le système de nos adversaires, on n'aurait pas manqué de conseiller le premier mode, qui présentait une économie annuelle de près de 800,000 francs sur les arrérages, tout en augmentant le capital de la dette de 151 millions de plus. Cette économie seule est réelle, aurait-on dit : Ne vous occupez pas du capital qui n'est qu'un chiffre fictif, une somme imaginaire.

Le gouvernement de la République pensa tout autrement : l'Assemblée constituante, par son décret du 24 juillet 1848, statua que les rentes à émettre en échange des 200 millions dus par les contractants, seraient en 5 0/0 au lieu de 3 0/0, et pour éviter cette augmentation de 151 millions sur le capital de la dette, préféra charger de près de 800,000 francs le budget annuel qui pourtant, on s'en souvient, n'était pas en ce moment des plus faciles à balancer.

L'Assemblée constituante eut-elle tort d'agir ainsi ? Oui, dans le système que nous combattons et pourtant le résultat a donné pleinement raison au parti qui fut pris alors. En effet, si la République avait donné du 3 0/0 aux contractants, elle payerait encore, elle aurait à payer à tout jamais l'intérêt des 200 millions reçus par elle au taux exigé par la situation du crédit public en 1848. Mais ayant eu le bon esprit de créer des rentes 5 0/0, elle a ménagé au pays une économie annuelle réalisée quatre ans après, par la conversion des rentes, de 1,328,900 francs sur les arrérages de la dette contractée, et cette économie a été l'équivalent d'un capital de près de 30 millions. Ce n'est pas tout : on peut admettre que les porteurs des 11,960,100 francs de rentes 4 1/2 provenant de la conversion des rentes émises en 1848, ont accepté la conversion de M. Fould, en payant une soulte de 14,352,120 francs. Voilà donc deux bonifications successives, montant ensemble à 44 millions environ, obtenues par l'État, pour ce seul fait d'avoir consenti, en préférant le 5 au 3 0/0, à se charger de 800,000 francs par an, qui payés pendant quatre ans, n'ont grevé nos finances que d'un peu plus de 3 millions en tout.

Ce calcul n'a rien d'hypothétique, et nous ne voyons pas ce qu'on pourrait y répondre.

Mais on ajoute : « Tâchons, en empruntant la plus grosse « somme pour le moindre intérêt possible, de ne pas payer « annuellement en excédant d'intérêt, des sommes supplé- « mentaires qui, au bout du compte, nous feraient débourser « effectivement un gros capital bien supérieur à la prime que « nécessiterait le remboursement de la rente à son cours no- « minal. »

Ce raisonnement suppose un amortissement fonctionnant régulièrement ; et, pour qu'il soit vrai, il faut que l'économie réalisée sur les rentes soit assez importante pour compenser l'augmentation du capital ; or, nous avons fait voir par des chiffres qu'en supposant un amortissement de 1 0/0 du capital nominal, ajouté au montant des rentes à servir, aux cours actuels, l'annuité, intérêts et amortissement compris, afférente aux rentes 4 1/2 0/0, est moins considérable que celle correspondant aux rentes 3 0/0, et nous aurions pu ajouter, à l'appui de cette argumentation, que, dans le cas de la rente 3 0/0, l'annuité devrait être payée quelques années de plus. Donc, sous ce premier rapport, l'objection qui nous est faite est sans valeur, mais elle suppose en outre que l'on ne pourra pas convertir la rente 4 1/2 0/0 par voie de réduction, et pourtant nos contradicteurs déclarent qu'ils applaudiraient des deux mains à l'opération qui consisterait à rembourser à 100 francs les emprunts contractés à 66 ou 67 francs. Mais, avant que l'intérêt des fonds placés en rente ne descende à 2 1/2, ce qui

est une hypothèse tout à fait chimérique, il n'est nullement in-
vraisemblable qu'il puisse quelque jour descendre de 4 1/2 à
4 0/0. On a vu en effet, en 1822, M. Vansitard, chancelier de
l'Echiquier, convertir le 5 0/0 anglais en 4 0/0, en stipulant
16 0/0 de diminution sur les arrérages, contre une augmentation de capital de 5 0/0 seulement, ou, en d'autres termes, en
donnant contre un capital de 100 livres de 5 0/0, 105 livres
de 4 0/0 non remboursable pendant 10 ans. Sans parler des
autres conversions qui ont permis en Angleterre de convertir à
son tour le 4 0/0 en 3 1/2 0/0 et celui-ci en 3 0/0, nous avons
vu la France elle-même, en 1830, emprunter en rentes 4 0/0 à
102,07 1/2, c'est-à-dire en reconnaissant un capital inférieur à
celui qu'elle recevait. Quelques années après, la chambre des
députés votait la conversion du 5 0/0 en rentes 3 1/2 0/0, avec
une augmentation de capital dont elle fixait le maximum à
20 0/0.

Pourquoi défendre à notre pays de profiter de semblables
chances et d'obtenir, par de pareilles opérations, des dégrève-
ments sensibles sur les charges des emprunts qu'il est obligé de
contracter aujourd'hui ? C'est là la vraie question, sur laquelle
personne ne nous a répondu jusqu'à présent.

On prétend encore « que les capitaux ne sont pas attirés
« vers les fonds d'État, seulement par la confiance que ces
« placements leur inspirent, mais encore par la perspective
« d'un accroissement de capital, qui est pour eux la compen-
« sation de l'infériorité de revenu qu'ils y trouvent. » Que
les spéculateurs raisonnent ainsi, cela ne fait pas l'ombre
d'un doute ; mais que cette considération soit d'un grand poids
pour le rentier véritable, pour celui qui souscrit avec l'in-
tention de garder la rente qui lui sera attribuée, il est permis
d'en douter ; nous voyons en effet, qu'alors qu'en 1859 les
souscriptions du 3 0/0 s'élevaient à Paris à un chiffre presque

double (en réalité 1,76) de celle des départements, au contraire les souscriptions de 4 1/2 dans les départements, attei-
gnaient à plus de deux fois celles de Paris.

En 1854, lors de l'emprunt de 250 millions, sur 159 millions souscrits en 4 1/2, 60 millions ou 37,73 0/0 avaient été
versés lors de la souscription, tandis que sur les 308 millions
souscrits en 3 0/0, on n'en avait versé en souscrivant que 54
millions seulement, ou 17,53 0/0. Que conclure de ces différents chiffres, si ce n'est que le 4 1/2 0/0 a toujours été
pris non par la spéculation, mais par le rentier sérieux, et
que, pour celui-ci, l'augmentation de revenu, quelque minime
qu'elle soit, a plus d'attrait que l'augmentation de capital.

On dit que « c'est par suite de la plus grande élasticité du
« fonds pris comme étalon du crédit de l'État, que ce crédit
« tend incessamment à s'élever et à s'améliorer. Or, cette
« question n'intéresse pas seulement l'État ; le taux de l'inté-
« rêt de la rente est le régulateur de la rémunération générale
« des capitaux. Le commerce, l'industrie, qui ont besoin d'ar-
« gent à bon marché, ont un égal avantage à la hausse de la
« rente qui a pour corrollaire la réduction générale de l'inté-
« rêt et l'abaissement des prétentions des capitaux. »

Tout cela est parfaitement vrai, mais pense-t-on donner plus
d'élasticité au 3 0/0 en écrasant les cours par une nouvelle
émission de titres, et cette expérience, que l'on poursuit depuis 1862, a-t-elle produit des résultats assez satisfaisants pour
qu'on y persévère ? Quand même, ainsi qu'on le prétend, la
mesure que nous proposons aurait pour conséquence la déser-
tion du 3 0/0 par la spéculation, nous avouons ne pas y voir
grand mal, car pour nous, qui ne mettons jamais les pieds à la
Bourse, comme pour la masse du public, dont nous suivons en
cela l'exemple, mieux vaut la Bourse déserte et le 3 0/0 à 76,

comme il était il y a dix ans, que la Bourse très-animée et le 3 0/0 à 69 francs, comme aujourd'hui. Comment concilier d'ailleurs, avec le reproche d'éloigner la spéculation, cet autre que nous avons vu reproduit plusieurs fois, et qui consiste à prétendre que nous ne cherchons « qu'à produire une hausse momentanée sur le dos des vendeurs à découvert » : nous citons textuellement.

Oui certes, nous demandons que l'État fasse tout ce qui dépendra de lui pour relever le cours du 3 0/0. Mais, par cela même que la spéculation aura été écartée de l'emprunt, nous espérons que la hausse ainsi produite sera, non pas une hausse momentanée, mais bien une hausse progressive et durable. Pourquoi d'ailleurs l'État s'imposerait-il des sacrifices dans l'intérêt des vendeurs à découvert? Ne sont-il pas les ennemis nés de son crédit? Tous leurs efforts ne tendent-ils pas à le déprécier sans cesse ; et s'ils réussissent, leurs succès ne se soldent-ils pas par une diminution de plusieurs centaines de millions dans le chiffre de la fortune publique? Dans une question comme celle qui nous occupe, l'intérêt de l'État, l'intérêt de tous, doit seul préoccuper le législateur, et devant lui, tous les intérêts particuliers doivent s'effacer.

De la question des emprunts à celle de l'amortissement, il n'y a qu'un pas ; ce pas devait être franchi : il l'a été en effet, et on a renouvelé contre la caisse d'amortissement les attaques dont elle est depuis longtemps l'objet. Mais ces attaques d'une autre époque ne sauraient s'appliquer à la situation présente. L'amortissement a été, en effet, pendant dix-huit ans, une déplorable fiction, grâce à laquelle les ministres des finances, après avoir augmenté fictivement la dette publique par la consolidation des bons du Trésor, remis à la caisse en payement de sa dotation, profitaient ensuite de l'annulation de ces rentes fictives pour dissimuler, ou plutôt pour rendre moins sensible, la création de nouvelles rentes actives, conséquences d'emprunts plus ou moins déguisés. Mais aujourd'hui, telle que la caisse d'amortissement est reconstituée par la loi du 11 juillet 1866, les mêmes faits ne sauraient se reproduire. On est revenu en effet au système du budget spécial qui, de 1816 à 1830, avait assuré son fonctionnement régulier. Ses ressources sont restreintes, trop restreintes peut-être, mais par leur nature, elles sont essentiellement croissantes, tandis que ses charges décroissent d'année en année. Or, toutes ces augmentations de recettes, toutes ces diminutions de dépenses, qui, par leur peu d'importance, ne pourraient provoquer aucune résolution à leur égard et s'échapperaient inaperçues dans l'immensité d'un vaste budget, la caisse se les approprie et produit avec elle des masses considérables, et c'est surtout à l'amortissement, tel qu'il fonctionne aujourd'hui, que peuvent s'appliquer ces paroles de M. Laffitte, prononcées dans la séance du 22 novembre 1830 : « L'amortissement représente « essentiellement le génie de l'économie, lequel consiste à « recueillir les infiniment petits, ordinairement négligés par « l'imprévoyance de l'homme, pour les changer bientôt en in- « finiment grands. »

Mais là n'est pas le seul but de la caisse d'amortissement; elle doit aussi contribuer à l'élévation du crédit. M. Thiers disait, dans la séance du 29 décembre 1831, et certes on ne peut pas nous reprocher ici de citer des paroles prononcées pour les besoins de la cause : « Maintenir notre amortisse- « ment... c'est faire pour notre crédit un acte immense, dont « nous recueillerons le prix prochain, presque immédiat, et « que nous recueillerons en millions le jour où nous négocie- « rons un emprunt. »

« L'action morale de l'amortissement sur le crédit, » disait M. Magne dans sa lettre du 16 mars 1866 à M. Larrabure,

« a des mystères qui échappent à l'analyse; mais elle n'en est
« pas moins positive et considérable. Elle ne fut certainement
« pas étrangère au mouvement graduel et véritablement mer-
« veilleux qui, dans les derniers mois de 1858, éleva les
« valeurs à des taux depuis longtemps inconnus, et porta
« le 3 0/0 au-dessus de 75 francs. »

Que nos contradicteurs se tranquillisent néanmoins; pour
remplir cette double mission, la caisse d'amortissement n'a
nullement besoin de prendre parti dans les démêlés de la
Bourse. Son action est constante, normale; elle s'exerce tous
les jours dans une proportion déterminée d'avance et que les
mouvements de hausse et de baisse ne sauraient modifier. Mais
cette aspiration constante des titres flottants sur la place, en
les rendant de plus en plus rares, amène nécessairement une
hausse de la rente au comptant, qui influe à son tour sur
les cours du marché à terme. Il en résulte, qu'alors même que
par suite de nouveaux appels au crédit, le chiffre des rentes
rachetées par la caisse d'amortissement serait inférieur à celui
des rentes émises, son action néanmoins s'exerce utilement
pour l'État, en lui permettant de contracter son emprunt dans
des conditions meilleures, qui compensent, et au delà, la faible
différence entre le prix des rentes rachetées et celui d'une
égale somme de rentes émises.

Nous croyons avoir répondu aux différentes objections soulevées par la brochure : *Le Crédit public et l'emprunt de 1868.*
Mais à l'appui de nos conclusions, il y a encore une considération que nous demandons la permission d'invoquer.

Dans notre premier travail, nous avons montré qu'une émission de rentes 3 0/0 était contraire à l'article 8 de la loi du
11 juillet 1866 sur l'amortissement; cet article, en effet, en pro-
hibant toute aliénation, avant le 1er janvier 1877, des rentes 3 0/0

rachetées, contient implicitement, ainsi que nous l'avons rappelé en commençant, l'interdiction de rouvrir avant cette date le Grand-Livre du 3 0/0. Mais cette émission de rentes 3 0/0 n'est-elle pas aussi une infraction aux dispositions de l'article 1911 du Code civil, ainsi conçu :

« La rente consituée en perpétuel est essentiellement rache-
« table. »

Ici nous nous adressons aux légistes éminents qui siègent sur les bancs du Corps législatif, et nous leur posons respectueusement cette question : Si, dans un contrat d'emprunt, il était stipulé que l'intérêt convenu devra être servi à perpétuité, sans que l'emprunteur puisse jamais s'en exonérer en remboursant le capital, quelle serait la valeur d'une telle clause ? Il est évident que devant tous les tribunaux de l'empire elle serait déclarée illégale et réputée non écrite.

Et si le prêteur, pour ne pas heurter de front le texte de la loi, faisait mettre dans le contrat que le remboursement, quand il conviendrait à l'emprunteur de le faire, devrait être d'une somme double, triple ou quadruple du capital prêté, cette clause ne serait-elle pas également annulée par le juge, comme abusive, usuraire et faisant fraude à la loi ?

On nous dira que nous faisons là une supposition extrême et hors de toute vraisemblance : nous répondons d'abord que pour juger de la valeur d'un principe, il convient d'en déduire et d'en apprécier les conséquences possibles, et nous ajoutons que l'hypothèse qui vient d'être posée n'est pas sans exemple. L'ancien régime avait légué à la Révolution des dettes de toute espèce : rentes perpétuelles, non-seulement à 5, à 4, à 3 0/0, comme on en contracte aujourd'hui, mais encore à 2 et même à 1 0/0. Que fit la Convention nationale, en instituant

le Grand-Livre? Le rapport de Cambon va nous l'apprendre :
« Nous avons cru, dit-il, que l'inscription sur le Grand-Livre
« *ne devait pas rappeler les capitaux*, et qu'on ne devait y
« porter que le produit net des rentes ou des intérêts, *afin de*
« *faire disparaître ces capitaux fictifs au denier 100, au de-*
« *nier 40, etc., qui rappellent d'anciennes injustices, sans aucune*
« *utilité*..... Lorsque la nation s'est chargée de l'ancienne
« dette, elle ne s'est obligée de la payer que sur le pied de
« son produit à l'époque où elle s'en est chargée. »

En supprimant ainsi d'un trait de plume les capitaux fictifs
reconnus par l'ancien régime à ses créanciers, par la raison
que, comme le dit plus loin Cambon, si on inscrivait ces capitaux, on rendrait impossible l'exercice du droit qu'a tout
débiteur de rente perpétuelle de se libérer par le remboursement, la Convention dérogeait formellement aux contrats
antérieurs. Pourquoi, néanmoins, n'a-t-elle encouru aucun
blâme pour cette grande mesure de l'institution du Grand-
Livre? Pourquoi l'histoire impartiale n'a-t-elle pas jugé *cette
banqueroute des capitaux* comme elle a jugé la banqueroute des
deux tiers des revenus, faite quelques années après par le
Directoire exécutif? C'est qu'elle a fort bien compris l'illéga-
lité radicale de ces contrats frauduleux, où des capitaux ex-
cessifs avaient été stipulés sans autre but que de rendre à
jamais impossible pour l'État le droit naturel et imprescrip-
tible de libération par voie de remboursement.

Eh bien! ce jugement porté sur les emprunts à capitaux
fictifs de l'ancien régime ne s'appliquerait-il pas aussi bien à
nos emprunts en rentes 3 0/0? Que l'on contracte, en effet,
un emprunt en rente 4 1/2, 4 ou 3 0/0, l'État dans la situation actuelle du crédit, devra toujours payer effectivement, à
très-peu de chose près, quel que soit le taux des rentes émises,
4 1/2 0/0 d'intérêt du capital emprunté. Seulement, si l'em-

prunt est contracté en rentes 4 1/2 0/0 au pair, le jour où, par suite de l'amélioration de son crédit, il trouvera à emprunter à 4 0/0, il pourra rembourser l'emprunt contracté précédemment à 4 1/2 0/0, et substituer, à une dette à 4 1/2 0/0, une dette à 4 0/0 qui pourrait se convertir elle-même plus tard en une dette à 3 1/2 0/0. Au contraire, si les rentes émises sont du 3 0/0, l'État, alors même qu'il trouverait à emprunter à 4 0/0, à 3 1/2 0/0, voire même à 3 0/0, devrait toujours servir à ses créanciers un intérêt de 4 1/2 0/0 et ne pourrait réduire cet intérêt que lorsque son crédit lui permettrait d'emprunter à 2 1/2 0/0, ce qui n'arrivera probablement jamais. Emprunter en rentes 3 0/0, c'est déclarer que la dette ne pourra être rachetée que moyennant le payement d'un capital supérieur de près de 50 0/0 à la somme empruntée. N'est-ce pas dès lors introduire implicitement dans le contrat passé entre l'État et ses créanciers la clause que la rente perpétuelle émise ne sera pas rachetable ?

Il appartient au Corps législatif de voir s'il veut faire cette déclaration, et s'exposer à ce que nos descendants, lui déniant le droit d'avoir lié ainsi l'avenir du pays, et contestant la légalité des mesures adoptées par lui, refusent un jour de reconnaître les engagements contractés dans ces conditions envers les créanciers de l'État.

Résumons, en terminant, notre pensée.

Dans cet écrit, et dans celui que nous avons publié antérieurement, nous nous sommes exclusivement préoccupés de l'intérêt du crédit public et de l'avenir financier de la France.

Ces grands intérêts sont nécessairement affectés par tout emprunt contracté, comme dans le cas présent, pour combler des déficits et solder des dépenses improductives. Néanmoins, par exception, dans les circonstances actuelles, le prochain emprunt peut donner une impulsion très-favorable au crédit, s'il ne concourt pas à le ruiner de plus en plus par le système désastreux des dettes à capitaux fictifs, c'est-à-dire des émissions de rentes 3 0/0.

Le 3 0/0 est et sera toujours le véritable étalon du crédit public. La question du crédit consiste donc à savoir quel système doit le plus sûrement maintenir et relever le cours de ce fonds d'État :

Ou celui du projet de loi qui, en créant d'un seul coup 23 millions de rentes 3 0/0, ajoutés aux 302 millions qui encombrent le marché de la Bourse, pose en principe que tous les emprunts futurs ne pourront être contractés qu'en 3 0/0 ;

Ou celui qui, répudiant comme abusif et ruineux le principe des capitaux fictifs, fermerait pour longtemps le Grand-Livre du 3 0/0 et permettrait à l'amortissement, créé par la loi de 1866, d'agir avec toute son efficacité pour en réduire la masse et en relever le cours.

Ce dernier système est conforme aux errements financiers de l'Angleterre, des Etats-Unis, de la Prusse, de la Belgique, de la Suisse, de tous les Etats puissants par le crédit et par l'observation des règles d'une saine économie politique ; tandis que l'autre nous rejette dans les voies où végètent financièrement l'Espagne, le Portugal, l'Italie et l'Orient musulman.

Pour le Corps législatif, voter l'emprunt en rentes 3 0/0 et désigner ainsi, contrairement aux précédents, la valeur dans laquelle l'emprunt devra être émis,

C'est accepter toute la responsabilité de cette opération ;

C'est déclarer qu'à l'avenir tous les appels au crédit devront être faits dans cette forme ;

C'est déclarer que la France renonce pour toujours, alors

même qu'elle trouverait à emprunter à 4 0/0, à 3 1/2 0/0, à substituer une dette nouvelle à l'ancienne et à réduire ainsi la dette inscrite par voie de conversion ;

C'est engager l'avenir du pays et déclarer, contrairement à l'article 1911 du Code civil, que la dette perpétuelle n'est pas rachetable ;

C'est faire encore de l'amortissement une fiction, c'est renier les principes financiers affirmés de nouveau en 1866, principes qui avaient permis au Gouvernement de la Restauration de faire remonter au pair, en quelques années, la rente 5 0/0 qu'il avait trouvée à fr. 54.30, et de laisser, en 1830, malgré les guerres d'Espagne et de Grèce et l'indemnité des émigrés, une dette publique réduite de 28 millions sur celle qu'il avait trouvée à son avénement, ou qu'il avait dû subir, pour liquider l'arriéré du Gouvernement précédent et payer les frais d'une double invasion.

Ces principes sont les bons, il faut les maintenir.

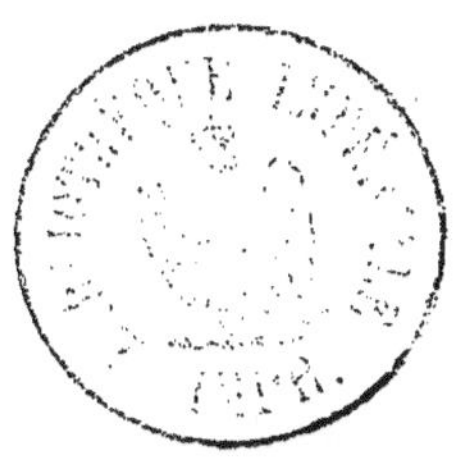

Paris. — Imprimerie Paul Dupont, rue de Grenelle-Saint-Honoré (1478—4.8)

www.ingramcontent.com/pod-product-compliance
Lightning Source LLC
LaVergne TN
LVHW020450060726
842525LV00005B/1625